Les joies de la maternité
(poil au nez)

Par Élise Gravel
avec la collaboration de Caroline Allard

Les 400 coups

Nous remercions le Conseil des Arts du Canada de l'aide accordée à notre programme de publication et la SODEC pour son appui financier en vertu du Programme d'aide aux entreprises du livre et de l'édition spécialisée.

Nous reconnaissons l'aide financière du gouvernement du Canada par l'entremise du Programme d'aide au développement de l'industrie de l'édition (PADIÉ) pour nos activités d'édition.

Gouvernement du Québec – Programme de crédit d'impôt pour l'édition de livres – Gestion SODEC

Les joies de la maternité (poil au nez)
a été publié sous la direction d'Andrée Lauzon.

Design graphique: Élise Gravel et Andrée Lauzon
Révision: Annie Goulet
Correction: Louise Chabalier

Diffusion au Canada
Diffusion Dimedia inc.

Diffusion en Europe
Le Seuil

© 2009 Élise Gravel, Caroline Allard et les Éditions Les 400 coups
Montréal (Québec) Canada

Dépôt légal – 4e trimestre 2009
Bibliothèque et Archives nationales du Québec
Bibliothèque et Archives Canada

ISBN 978-2-89540-442-2

Catalogage avant publication de Bibliothèque et Archives nationales du Québec et Bibliothèque et Archives Canada

Gravel, Élise

Les joies de la maternité (poil au nez)

ISBN 978-2-89540-442-2

1. Maternité – Humour. 2. Éducation des enfants – Humour. 3. Humour québécois. I. Allard, Caroline, 1971-   . II. Titre.

HQ759.G72 2009   306.874'30207   C2009-942137-2

Élise Gravel et Caroline Allard tiennent à remercier les artistes à qui elles ont emprunté des œuvres à des fins didactiques:

Jean-Baptiste Siméon Chardin
Frank Cadogan Cowper
Pietro Perugino
Pier Francesco Fiorentino
Piero Della Francesca
Pieter de Hooch
Pietro di Giovanni d'Ambrogio
Jan Provoost
Raphael
Pierre Paul Rubens
Sandro Botticelli
Vittore Carpaccio
Albert Edelfelt
Jean-Baptiste Joseph Wicar
Christian Krohg
John Opie
Paulus Moreelse

Bon, bon, bon. Je vous entends déjà rouspéter.

*Quoi? Un autre livre sur la maternité?
J'ai à peine le temps de feuilleter «Maman,
comprends mes cris» et «La nutrition de votre
enfant en 182 étapes obsessionnelles». Et voilà
qu'on me propose une dissertation sur les
joies d'être mère. Je suis épuisée, au bord
de la panique, je sens que je vais craquer,
je, je, je... bouhouhouhou!*

Eh bien oui. Voilà.

Voilà pourquoi vous avez BESOIN de ce livre.
Vous avez un bébé et, par conséquent, vous
avez besoin d'aide. Et comme nous ne pouvons pas vous préparer des petits plats ou
vous proposer de garder votre petit monstre
(faut pas rêver), nous avons décidé de vous
offrir une aide psychologique tout à fait frivole
mais néanmoins précieuse.

Ce livre, c'est la maternité dans tous ses travers absurdes et ses aventures extravagantes.
C'est la thérapie par l'hilarant. En plus, y'a des
images. Ça signifie que vous pourrez le refiler
à votre enfant ébloui pour qu'il l'enduise sagement de bave pendant que vous prenez un
café avec une copine.

Ce livre, mes chers amis, est in-dis-pen-sa-ble.

D'ailleurs, à ce sujet, une anecdote: Martha
Nielsburger, de St. Augustine (Floride), n'a pas
obéi aux instructions de mon courriel qui lui
conseillait d'acheter ce livre en quinze exem-
plaires afin de l'offrir à ses copines enceintes.
Résultat de son insouciance? Une succession
d'épreuves cruelles: Martha a oublié ses
céréales sur le comptoir et a dû les manger
toutes molles, elle s'est trompée de numéro en
appelant sa mère et elle a dû se lever la nuit
pour aller faire pipi. Et afin de survivre à la
maternité, ses copines ont dû signer, de leur
lait maternel, un pacte avec le diable.

Ne faites pas comme Martha. Adoptez ce livre
et chérissez-le comme votre propre enfant, car
il est votre porte ouverte sur les drôleries
inhérentes à la maternité et à son tendre
univers (poil aux ovaires.)

Wonder Maman

Elle est parfaite !
Ses enfants aussi !
Elle a trois enfants...
et en veut cinq !

* * *

BRAVO, WONDER-MAMAN !

6

Chez Wonder-Mamans, nous savons qu'élever un poupon n'est pas une tâche facile.

Comment démêler le vrai du faux parmi tous les conseils d'amies, de parentes, de médecins, de sages-femmes, d'infirmières, de vieilles copines qui n'ont pas d'enfant mais de nombreuses opinions et de pénibles inconnues qui surgissent de partout en brandissant leur expérience ?

Qui, parmi la foule, détient la Vérité ?

Eh ben, c'est
nous !

Jetez tous vos livres de puériculture par la fenêtre, en espérant qu'ils assommeront au passage quelques-unes des pénibles inconnues mentionnées plus haut. Balayez du revers de la main les conseils de vos copines. Ricanez méchamment à la face de votre pédiatre, et reniez votre mère : vous n'avez plus besoin d'elles.

Chez Wonder-Mamans, nous avons compilé des siècles d'études, de théories et de connaissances scientifiques liées à la petite enfance. Nous avons passé le tout au broyeur, l'avons filtré, purifié, analysé, décrypté et sanctifié. Ce que nous vous livrons dans ce livre constitue la fine pointe de la technologie en matière de dressage d'enfant.

Si vous suivez nos conseils à la lettre, le fruit de vos entrailles grandira dans un halo de lumière et deviendra le génie au corps d'athlète que vous imaginez déjà, le soir, au coin du feu.

Lorsque le découragement vous guette, que l'incertitude vous fait vaciller, appelez-nous, quelle que soit l'heure, et un de nos conseillers se fera un plaisir de vous guider pas à pas, d'un ton condescendant mais compatissant, vers La Solution.

Chez Wonder-Mamans,
nous Croyons
en nos Convictions.
Nous Martelons
ce que nous Savons.
Et à travers Vous,
nous Élevons
vos Poupons.

Notre Passion ?
Vous dire Comment.

Bienvenue chez Wonder-Mamans !

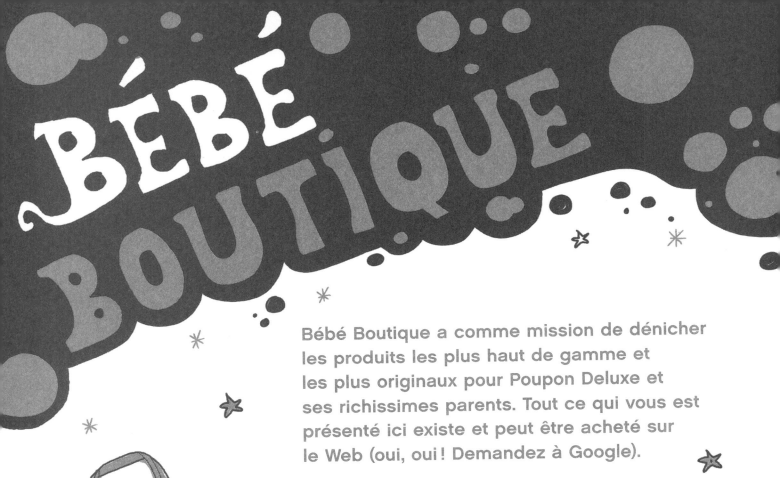

BÉBÉ BOUTIQUE

Bébé Boutique a comme mission de dénicher les produits les plus haut de gamme et les plus originaux pour Poupon Deluxe et ses richissimes parents. Tout ce qui vous est présenté ici existe et peut être acheté sur le Web (oui, oui! Demandez à Google).

Bon shopping!

Protecteur pour cheveux de nourrisson

Repose-tête de satin conçu pour éviter les disgracieuses pertes de cheveux chez bébé. Prix: 25 $

BABY WALTON

Sac à couches Missoni

59 % laine, 24 % coton, 14 % viscose; poignées de cuir. Prix: 890 $ US

Rockabye Baby

Collection de CD de berceuses adaptées de
Metallica, d'AC/DC, de Nine Inch Nails, de Nirvana et
de bien d'autres. Prix : 16,99 $ US

Minichaussures

Talons aiguilles de marque Heelarious pour
bébés filles. Plusieurs coloris et motifs offerts.
Satin souple. Prix : 35 $ US

My Beautiful Mommy

par Michael Saltzhauer, MD. Un livre pour
les mères qui souhaitent aider leur tout-
petit à mieux comprendre et à accepter
leur chirurgie plastique. Prix : 19,95 $ US

Propre

Lorsque Benjamin Dormesson, de Montreuil, se mit à se tortiller et à ramper sur le ventre de sa mère cinq minutes après sa naissance, tout le monde crut naturellement qu'il cherchait le sein. «Je le lui ai offert et il l'a refusé en gémissant», dit sa mère, Pauline Ross. Après s'être tortillé quelques minutes de plus, le petit Benjamin a finalement déféqué dans un râle de soulagement sur le protège-matelas imperméable. «Nous avons alors compris que ce que Benjamin cherchait, c'était le pot!» raconte Pauline. Depuis ce jour, Benjamin n'a plus jamais eu d'«accident». Dès qu'il en ressent le besoin, le garçon rampe de lui-même jusqu'aux toilettes. Des trucs pour aider les parents moins chanceux? «Ne mettez jamais de pression, conseille Pauline. Pendant toute ma grossesse, jamais je n'ai poussé mon fœtus à aller sur le pot. Et érigez-vous en modèle: chaque fois que je vais moi-même au petit coin, je m'extasie bruyamment.»

Avoir du chien

Le don bien particulier de Giuseppe S., 2 ans, faisait l'envie de tous les parents du petit village de Fratello en Italie. En effet, l'enfant pouvait parcourir 208 mètres en moins de quinze secondes lorsqu'il s'agissait d'aller rapporter le bâton lancé par Manolo S., son père. Ce dernier, membre respecté de sa communauté, a cependant vu sa réputation brisée le jour où l'on s'est rendu compte que ce n'était pas Giuseppe qui rapportait le bâton, mais bien Shakira, le chien de la famille, qu'on avait déguisé en bambin. Qui plus est, le teckel de 3 ans rapportait l'objet à une vitesse tout à fait normale pour son âge et sa race. Le petit Giuseppe, occupé dans sa chambre à faire ses calculs de trigonométrie, n'a pas semblé souffrir du scandale.

*Aidez votre surdoué à dépasser ses limites et celles des autres avec **Coco la Coccinelle** !*

Offrez à votre poupon une éducation
de niveau universitaire tout en le divertissant !

- **Physique moléculaire de base**
- **Micro et macro-économie**
- **Altermondialisme**
- **Pluriculturalisme et laïcité**
- **Heidegger aujourd'hui**
- **Astrophysique millimétrique**
- **... et plus encore !**

viens apprendre avec moi !

13

LE RÊVE

LA RÉALITÉ

Chaque jour, nous ramassons les œufs de Rita et nous trayons Françoise... Et c'est Pépé qui s'occupe de montrer aux enfants comment composter les déchets organiques qui se déposent dans leur couche...

Malgré les places disponibles et le programme éducatif intéressant proposé par le service de garde en milieu familial de monsieur François, Annie n'était pas certaine de vouloir lui confier son petit Édouard.

Paniquons avec

Docteur Fears

Un ami qui lui veut du bien

Votre enfant a un ami imaginaire qu'il préfère à tous ses autres copains, à vous-même, à son chien Tigrou et même à la troisième voisine qui lui offre toujours des bonbons?

Il n'y a pas de quoi s'inquiéter outre mesure. En effet, selon une étude récente, le syndrome de l'ami invisible peut être très bénéfique pour votre enfant. Sur le plan du langage, votre chéri deviendra un expert dans l'art d'entamer et de soutenir des conversations anodines à bâtons rompus, ce qui lui sera d'une utilité incontestable dans les dîners d'affaires.

Sur le plan moteur, vous pouvez facilement tirer profit de l'ami imaginaire de votre bambin pour lui faire finir son assiette («Oh, regarde, Coco a mangé tous ses brocolis, lui!») ou pour l'inciter à s'habiller plus vite («Coco t'attend dans la voiture et il pleure, vas-tu bien finir par le mettre, ce maudit pantalon?»).

Par contre, cet ami invisible risque de mettre votre autorité en péril lorsqu'il vous tirera la langue ou vous adressera, à votre insu, des gestes outrageusement obscènes.

Vous réglerez le problème en allant perdre Coco lors d'une expédition familiale dans la jungle amazonienne; les photos représentant des anacondas au ventre bien plein finiront de convaincre fiston de la fin tragique de son meilleur ami.

Apprenez ensuite comment gérer le deuil de votre enfant grâce au fascicule du Dr Fears: Il l'a bien cherché: La mort accidentelle expliquée aux 5 ans et moins.

La douleur de l'accouchement

Il y a six milliards d'années, le concept de « douleur de l'accouchement » était inconnu de l'espèce humaine. En fait, les philologues n'ont même pas trouvé les mots pour décrire ce phénomène dans le vocabulaire des peuplades de cette époque, ce qui laisserait croire que cette impression de douleur est en réalité une invention récente. Chez Wonder-Mamans, nous soupçonnons le machiavélique corps médical et les véreux médecins masculins eux-mêmes d'avoir hypnotisé les femmes enceintes pour leur faire croire que l'accouchement fait mal, et ce, dans le simple but de leur vendre (ou de leur imposer de force) la diabolique anesthésie péridurale.

Chez Wonder-Mamans, la douleur de l'accouchement, nous n'y croyons pas.

Nous avons tout simplement oblitéré le mot « douleur » de notre discours, et l'avons remplacé par le mot « enchantement ». Nous avons remplacé le mot « contraction » par l'expression « vague de bonheur ». Nous pensons même remplacer carrément le mot « accouchement » et ses relents pénibles par le mot « épanouissement ». Nous croyons qu'une femme libre, sereine et détendue peut facilement atteindre un état de grâce pendant l'épanouissement, et éprouver des sensations agréables, voire orgasmiques. Nous croyons que le personnel hospitalier pince et torture volontairement les femmes qui accouchent afin de les manipuler à sa guise en préservant le mythe de la douleur.

Les femmes qui accouchent dans les Maternités Wonder-Mamans™ ne crient pas. Elles sourient paisiblement, chantonnent, rient et dansent. Entourées de joueurs de luth et baignant dans la tisane de framboisier infusée à l'eau de mer naturelle, elles décrivent souvent l'expérience de leur accouchement comme la plus belle expérience sexuelle de leur vie. Dans 99 % des cas, elles quittent la maternité quelques minutes après l'accouchement en tourbillonnant de bonheur, leur bébé dans les bras.

Contactez une sage-femme Wonder-Mamans et quittez vite les rangs des pleurnicheuses !

Habiller votre bébé

Phénomène étrange et inexpliqué, un bébé arrive à être adorable malgré des attributs qui rendraient un adulte répugnant. Son double menton, son crâne chauve, ses grosses cuisses et sa bedaine rebondie susciteront invariablement exclamations enchantées et regards attendris.

Mais un bébé sera encore plus charmant lorsque habillé de vêtements à froufrous, qui feront ressortir lesdits menton étagé, cuisses grasses et tutti quanti. Cela signifie que vous devrez, en tant que mère compétente ou faisant semblant de l'être, arriver à insérer votre rejeton dans ses vêtements, et ce, chaque jour.

Sans exception. L'horreur.

Mais affirmons-le:

il est possible de passer du bébé tout nu au bébé habillé sans transgresser la Convention de Genève contre la torture.
Les préceptes suivants, élaborés par nos courageuses mamans au fil des millénaires, vous seront d'une aide précieuse pour atteindre ce but.

1. Plus les vêtements sont mignons, plus ils sont difficiles à enfiler.

Un émouvant petit maillot dans lequel votre enfant ressemblerait à un tournesol épanoui se révélera avoir été conçu pour être enfilé en dix étapes, de cinq minutes chacune. Ces marches vers le nirvana de la mode et du bon goût seront toutes parsemées des larmes amères de votre rejeton ainsi que de votre langage le plus ordurier.

2. Par contre, vous parviendrez à mettre en 14 secondes l'horrible pyjama (pour garçon) légué (à votre fille) par votre sœur, qui l'avait elle-même reçu de sa belle-sœur, dont c'était un cadeau de la belle-mère de son ex.

Il est taché, usé à la corde, à la limite du répugnant, mais jamais vous n'auriez cru pouvoir transformer aussi rapidement votre enfant en patate informe.

3. La tête de votre bébé se coincera dans tout col dont l'ouverture ne se déboutonne pas jusqu'au nombril.

Son petit cou fragile en subira de graves séquelles, et ce sera votre faute s'il ne peut pas être acrobate plus tard.

4. Les membres de votre poupon sont programmés pour se raidir ou se ramollir exactement lorsqu'il aurait fallu qu'ils fassent l'inverse.

Pour faire passer une jambe de bébé dans une si mignonne patte de léotard, vous aurez besoin d'un pied-de-biche, d'un casque de mineur avec lampe frontale, de forceps, de vaseline et d'une collation protéinée conçue pour les longues expéditions.

5. Tout ensemble tricoté à la main par votre bienveillante maman sera :

a) toujours trop chaud, et b) hideux.

6. Il est recommandé de commencer à habiller votre enfant plusieurs heures avant une sortie prévue.

À moins que vous ne cédiez à la tentation du pyjama patate.

7. Une fois enfin habillé chic et installé dans son siège pour bébé, votre marmot dégobillera une infâme purée de brocolis qu'il aura conservée exprès deux jours dans son estomac.

Ladite purée s'infiltrera dans chacune des couches des vêtements dont vous aurez tant bien que mal réussi à l'affubler. Retour à la case départ (et même un peu avant).

8. Arrivées à ce stade, toutes les mères se résignent à un destin commun : le pyjama patate.

Phénomène étrange mais ô combien pratique, vous finirez par trouver votre poupon-patate délicieusement mignon dans son accoutrement horrible. La nature est si bien faite !

Yoga

Je me sens pleine d'amour pour cette petite chose en moi qui grandit... Comment un si grand amour est-il possible, alors que je ne l'ai jamais même rencontrée ?

Moi, ça ne va pas vraiment. Je dors super mal, j'ai des brûlures d'estomac, j'ai des problèmes de dos... En plus, je fais des cauchemars horribles et j'ai envie d'étrangler mon mari. En fait, je déteste la grossesse.

Moi aussi !   Oui, moi aussi.   Et moi aussi.   Moi aussi !

Diane savait bien que son enfant avait besoin de sa portion quotidienne de fruits, mais elle était déchirée entre deux options : éplucher la pomme et éviter les risques d'étouffement (mais cela enlèverait au fruit les 9/10 de sa teneur en vitamines) ou simplement la couper (oui, mais jusqu'où aller ? Huit morceaux ? Seize ? Deux cent quarante-quatre ?).

Une solution consisterait à la passer au mixeur jusqu'à obtenir une purée bien lisse qui permettrait à l'infortunée Diane d'oublier ces questionnements existentiels. Mais son fils Ricardo ne prendrait-il pas alors un retard considérable dans les habiletés de mastication ? Pour finir, Diane lui fila une tétine.

CHANTONS ENSEMBLE

Les Comptines de Mère Indigne!

Comptine pour enseigner la sécurité piétonne à vos tout-petits

Le chat Mistigri
Suivait Noémie
La jolie souris
Noémie courut
Traversa la rue
Ne regarda pas
Un camion passa
Noémie mourut
Et même le chat
N'en a plus voulu

Comptine pour enseigner à vos tout-petits à être des gens bien

Si tu fais bien tes leçons,
Que tu te laves, que tu sens bon
Que tu finis ton assiette
Que ta chambre est toujours faite
Si tu es toujours bien sage
Sans piercings ni tatouages
Si tu es beau, grand et malin
Que tu étudies avec entrain
Pour être ingénieur ou médecin
Petit enfant
TES PARENTS SERONT CONTENTS
Mais si tu ne fais pas ça
TA PAUVRE MAMAN MOURRA
Petit enfant
Tant pis pour toi!

Wonder-Maman : toujours prête

La mère ordinaire a une fâcheuse tendance à négliger son devoir conjugal pendant la grossesse et les années qui suivent la naissance d'un bébé. Épuisée, elle erre telle une vadrouille informe parmi les tas de couches sales, les yeux hagards, et répond aux avances de son conjoint par des éclats de rire hystériques et incrédules.

Pas la Wonder-Maman.

Que nenni ! Toujours prête, comme les scouts, Wonder-Maman se sent revigorée par les tâches imposées par la maternité. Préparer ses purées de légumes biologiques du potager l'enivre. Allaiter la titille. Laver et plier des couches en coton la transporte de joie. Récurer des reliques de courge coincées dans son ordinateur portable l'émerveille. Bercer pendant des heures un bébé qui refuse de s'endormir lui éveille les sens !

Aussi, lorsque Wonder-Papa arrive du travail le soir en s'affaissant dans son fauteuil, Wonder-Maman l'accueille toujours avec un sourire lubrique et une robe du soir au décolleté plongeant (si pratique pour allaiter !). Après lui avoir servi un martini (pas d'alcool pour elle), elle se love autour de lui et écoute, béate, le récit de sa journée au bureau.

Wonder-Papa, de son côté, s'extasie sur la propreté de la maison et sur la mise en plis de son épouse, qu'elle aura pris soin de réaliser pendant que bébé exécutait sa séance de Bébé-Pilates avec son entraîneur personnel. Dès huit heures, après le coucher de Wonder-Bébé, le Wonder-Couple s'envoie en l'air toute la nuit et se lève frais et dispos pour une nouvelle journée d'enchantement.

Il va sans dire que la vie conjugale des Wonder est un long fleuve tranquille.

Comment Wonder-Maman s'y prend-elle pour conserver une libido de pin-up alors que les autres mamans préfèrent dormir ?

La réponse est toute simple : elle achète ses vêtements de maternité chez Wonder-Mamans, « Ze boutique ».

Essayez, et vous verrez.

MÈRES D'ALORS

« Luther Burbank, dans son petit ouvrage *L'éducation de la plante humaine*, exprime une complète confiance dans le pouvoir de l'environnement de transformer, par un entraînement approprié et comme on le ferait pour une plante, un enfant normal en un des plus beaux et charmants spécimens de son espèce. Il souligne qu'"il n'existe aucun attribut souhaitable qui, s'il manque chez une plante, ne peut lui être inculqué. Choisissez l'amélioration que vous souhaitez faire à un fruit ou un arbre, et par les croisements, la sélection, la culture et la ténacité, vous pouvez lui inculquer cette qualité désirable de manière irréversible". »

Parent et enfant, volume III, L'étude de l'enfant et son education, Mosiah Hall, 1916

« Les boîtes de peinture pour enfants sont des jouets très dangereux ; plusieurs des peintures sont toxiques et contiennent de l'arsenic, du plomb, de la gomme-gutte, etc. En peignant, l'enfant est susceptible de mettre le pinceau dans sa bouche et d'absorber le trop-plein de fluides. De toutes les couleurs, c'est le vert dont il faut le plus se méfier. En effet, il est souvent composé d'arsénite de cuivre – arsenic et cuivre, deux poisons mortels. »

Advice to a Mother on the Management of Her Children, Pye Henry Chavasse. 214, Hagley Road, Edgbaston, Birmingham, juin 1878

« […] L'enfance s'étend sur une période extrêmement longue. Le système nerveux de l'enfant est donc si plastique qu'il peut être moulé, façonné et développé de presque n'importe quelle manière ou direction, selon la volonté de ses parents et la nature de son environnement. »

Parent et enfant, volume III, L'étude de l'enfant et son education, Mosiah Hall, 1916

longues journées

Funeste bricolage

Bien des parents, plutôt que de se ruiner en équipement coûteux, suggèrent à leurs enfants de faire du bricolage avec du matériel qui se retrouverait autrement dans les déchets domestiques.

Mais saviez-vous que les boîtes d'œufs usagées, par exemple, peuvent contenir des traces d'albumine qui, à long terme, s'avère extrêmement nocive pour les dents de l'enfant ? Les colliers de nouilles, lorsque portés plus de 45 minutes, provoquent des crises d'urticaire, et leur apparence contribue souvent à abîmer une estime de soi qui peine déjà à se construire. De même, les bâtons de sucettes glacées peuvent causer la surdité si un enfant se les enfonce profondément et à répétition dans les oreilles.

Finalement, le Dr Fears recommande de faire tremper vos rouleaux de papier hygiénique vides dans l'eau chaude et savonneuse pendant 72 heures avant d'en faire une quelconque utilisation.

Le Plus Beau des Bricolages, de Brigitte Lafrousse, psychologue de renom et amie personnelle du Dr Fears, vous aidera à enseigner à votre enfant que les œuvres les plus réussies sont souvent celles qui restent dans notre simple imagination.

Meredith eut des idées d'euthanasie lorsqu'elle vit pépé s'apprêter
à essuyer le nez d'Éloi avec son vieux mouchoir souillé.

les couches lavables

Allons, les filles ! Moi aussi, j'utilise les couches lavables et ç'a plein d'avantages, mais il faut quand même admettre que c'est plus de travail. Il faut les changer souvent, les laver plusieurs fois par semaine...
Tu devrais essayer les Snug-a-Choo, ce sont les moins chères.
Les Baby-Poo sont plus chères, mais elles sont mieux...

BÉBÉ EL BULLI

* Les chefs de chez Bébé El Bulli préparent des purées pour bébés à partir de menus dignes des plus grandes tables du monde. Parce que l'absence de dents n'est pas synonyme d'absence de goût !

PURÉES FINES

d'après une idée de
Stéphane Berthomet

Suprême de pintade caramélisé à la fleur de sel sur son lit d'asperges blanches

Crème brûlée de foie gras et airelles

Croustillant d'épaule de biche, sauce au Bourgogne

Blinis aux morilles, sauce à l'impériale

Osso buco avec papillotes de têtes de violon
Huîtres malpèques en bouillon de crustacés et rouille aux croutons

Caille laquée avec coulis d'estragon confit

Et, bien sûr, tous leurs ingrédients sont biologiques, frais et de première qualité !

La santé pendant la grossesse

Sur la couverture de notre *Guide de la femme enceinte*, une belle et blonde jeune femme à la peau de pêche, sereine, vêtue d'une tunique de maternité diaphane, pèle une orange dans un rayon de soleil en caressant amoureusement son ventre rebondi.

Cette femme, c'est vous.
Ou plutôt, ce sera vous, d'ici quelques mois, si vous suivez nos recommandations.

Car la femme enceinte,
trésor de la nation,
berce en elle l'Avenir
et doit en avoir
l'Air.

La grosse dinde qui, dans votre cours prénatal se bat contre les varices, l'insomnie, le masque de grossesse, l'incontinence, la baisse de libido, l'anxiété, l'acné et la cellulite est une disgrâce pour la gent maternelle. Manifestement, elle n'a rien compris. Il est possible d'être enceinte, épanouie, gracieuse et séduisante : suivez ces quelques consignes et fleurissez !

1. Le régime de la femme enceinte

À éviter : les noix, les produits laitiers, les protéines bovines, le chocolat, l'alcool (horreur !), les sushis, les charcuteries, les fromages crémeux, les céviches, les tartares, le sucre, la camomille, la menthe, le beurre d'arachide, le café, le thé, les tisanes, les saucisses, les boissons gazeuses, les calories vides, les calories pleines, la malbouffe, le poisson de mer, les OGM, les sulfates, les phosphates, les sulfites, alouette.

À privilégier : les craquelins d'épeautre entier, l'écorce de fève de soja (sans vinaigrette), les baies de goji (non sucrées), les épinards (seulement ceux que vous cultivez vous-même), les graines de bourrache (sauvage).

2. L'exercice de la femme enceinte

Elle est terminée, l'époque où on prescrivait le repos à la femme enceinte. Allez hop, debout, patate ! Inscrivez-vous à notre forfait Wonder-Belly et remuez-moi ce bedon chaque jour, de 5 h 30 à 18 h, en compagnie des meilleurs entraîneurs olympiques.

Horaire type d'un entraînement Wonder-Belly

5 h 30	lever, salutation au Soleil, yoga-éveil
6 h 00	petit-déjeuner de jus de chlorophylle et de pain de quinoa sans gras
6 h 30	yoga aquatique sur kayak
8 h 30	baladi en parachute
11 h 00	kick-boxing inca sur ballon d'exercice
12 h 30	déjeuner de feuille de sauge farcie au tofu
14 h 30	wonder-méditation
16 h 30	musculation faciale par le rire
18 h 00	dîner de brochette tournesol-radis avec salade de paillis de cèdre

DÉCODER LES PLEURS DE BÉBÉ

Bébé pleure pour exprimer ses émotions. À l'aide d'une grille d'analyse simple, la mère à l'écoute peut facilement décoder les pleurs de son enfant et y répondre de manière adéquate. Observez attentivement les différences entre ces pleurs d'enfant pour vous entraîner à être une interprète hors pair.

a) J'ai besoin d'un câlin.

b) J'ai faim.

c) Le motif de mon pyjama n'est pas du tout assorti à celui de mes pantoufles.

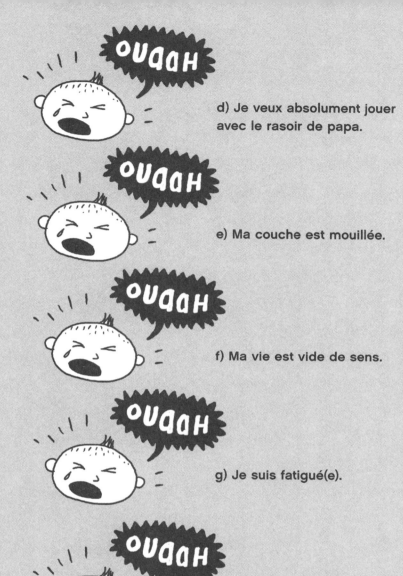

d) Je veux absolument jouer avec le rasoir de papa.

e) Ma couche est mouillée.

f) Ma vie est vide de sens.

g) Je suis fatigué(e).

h) Le résultat des dernières élections me laisse présager un avenir sombre pour l'art et la culture.

Vous êtes incapable de déceler les différences ? Quelle sorte de mère êtes-vous ? Préparez-vous à des années difficiles avec un enfant incompris qui vous en voudra pour le restant de ses jours.

Pi-to-ya-ble !

Lisa commençait à se demander si six mois, ce n'était pas finalement un peu tôt pour commencer les cours d'équitation.

MÈRES D'ALORS

« Si des peintures et gravures ornent les murs de la chambre de votre enfant, faites en sorte qu'elles soient de bonne qualité. Les horribles croûtes et mauvaises gravures qui défigurent d'ordinaire les murs des chambres d'enfants sont assez pour ruiner son goût ou pour lui faire détester le dessin, ce qui serait regrettable. Développer tôt dans la vie un goût pour les choses raffinées et belles purifie l'esprit, cultive l'intellect et tient loin des mauvaises fréquentations – votre enfant grandira pour devenir un gentleman ! »

Advice to a Mother on the Management of Her Children, Pye Henry Chavasse. 214, Hagley Road, Edgbaston, Birmingham, juin 1878

« Un enfant qui ne fait jamais de bêtises est soit sournois, soit fragile ou idiot. »

Advice to a Mother on the Management of Her Children, Pye Henry Chavasse. 214, Hagley Road, Edgbaston, Birmingham, juin 1878

« On ne devrait jamais permettre à une nourrice de porter un masque, de se déguiser ou de se maquiller en fantôme ou en quelconque objet effrayant. »

Advice to a Mother on the Management of Her Children, Pye Henry Chavasse. 214, Hagley Road, Edgbaston, Birmingham, juin 1878

« Si l'on pratiquait la sélection des parents sur une base continue, il n'y aurait plus de régression et la tendance serait vers l'amélioration constante. La sélection des parents possédant les meilleurs traits de caractère, et le fait d'empêcher les gens inadéquats ou criminels de se reproduire, semblent notre plus sûr espoir de produire, de manière permanente, un type de parent supérieur. »

Parent et enfant, volume III, L'étude de l'enfant et son education, Mosiah Hall, 1916

La discipline

Ah, la maternité !
Quelle aventure douce,
fleurie et parfumée
ce serait si nos enfants
parvenaient à s'élever
tout seuls !

Mais les choses ne sont jamais si simples dans cette vallée de larmes qu'est la vie. Par exemple, certains experts soutiennent qu'il serait parfois bon de faire preuve de discipline envers nos enfants. D'accord, oui, de la discipline, surtout si cela nous permet de terminer notre roman policier tranquille. Mais, en éducation d'enfants comme en élevage d'escargots, le plus difficile reste à définir :
faire preuve de discipline, certes, mais comment ?

Mère indigne, ce parangon de connaissances douteuses et d'expertise nébuleuse vous livre aujourd'hui tous les secrets d'une discipline efficace et sans douleur.

Tout d'abord, vous devez savoir reconnaître les moments où votre enfant a réellement besoin de discipline.

Lorsque, hypnotisé par un livre d'images, il reste bien sagement sur le canapé à le feuilleter pendant des heures, n'hésitez pas à sévir.

Un « Continue à lire ! » lancé sur un ton sans compromis établira à merveille votre autorité. D'ailleurs, si vous le dites d'une voix suffisamment inaudible, votre enfant vous obéira d'autant mieux qu'il n'aura rien entendu et continuera sa lecture sans rechigner. Cette méthode peut sembler cruelle, mais il est important que votre bambin reconnaisse chez vous la prestance du chef suprême.

Par contre, si votre enfant vous fait une crise au centre commercial afin que vous lui prêtiez votre carte de crédit pour pouvoir repartir avec l'éléphant en peluche mauve qui mesure deux mètres et barrit « bonjour » quand on lui tire la trompe, attention !

Avant de songer à recourir à la discipline, demandez-vous quelle carence affective peut bien pousser votre angelot à faire une demande aussi extravagante. Peut-être lui avez-vous refusé tout l'amour auquel il était en droit de s'attendre, la nuit du 22 octobre 2006, lorsque, rompue de fatigue, vous avez décidé de le laisser pleurer cinq minutes.

Peut-être votre insistance à mettre des légumes dans son assiette chaque jour lui donne-t-elle l'impression que vous n'avez pas confiance en sa capacité de faire les bons choix de vie de manière autonome...

Exiger l'éléphant mauve, loin d'être un caprice ridicule, est probablement le symptôme d'un vide intérieur que votre petit cherche à combler avec ses pauvres moyens limités.

Alors lâchez-moi avec vos mesquines histoires de discipline, agissez en adulte, payez et qu'on n'en parle plus.

Autre aspect très important de la discipline – et je n'insisterai jamais assez sur ce point –,

méfiez-vous de la fermeté.

Une mère de ma connaissance, qui préfère conserver l'anonymat (appelons-la M. I.), a déjà voulu faire sa finfinaude en adoptant une attitude courageusement ferme devant une crise de sa cadette. Résultat, elle est restée 32 jours à l'aquarium avec sa fille, qu'elle avait mise dans un coin en lui disant qu'elle ne pourrait pas bouger de là tant qu'elle ne s'excuserait pas. Cette dernière refusant de présenter ses excuses, c'est M. I. qui a fini par la supplier de sortir en lui promettant un éléphant mauve géant qui fait « bonjour » quand on lui tire la trompe.

Bref, plutôt que de vous entêter dans une rigueur non productive, faites donc comme tous les parents expérimentés : répétez « Arrête, sinon je vais me fâcher » toutes les deux minutes jusqu'à ce que l'heure de l'apéro soit arrivée et que les enfants soient plantés devant la télé.

La discipline, finalement, ce n'est qu'une question de gros bon sens.

Paniquons avec Docteur Fears

Les gestes maternels toxiques (et apparemment anodins)

La mère ordinaire vaque à ses tâches quotidiennes sans se douter que chacun de ses gestes est porteur d'un potentiel destructeur de la puissance d'une bombe H. Ne soyez pas du nombre. En se procurant le livre **1000 dangers cachés**, la femme avertie peut garantir à 99 % un parcours absolument lisse et sans tracas au fruit de ses entrailles.

En voici quelques extraits:

« "Oh, tu t'es fait mal? Viens, mon chéri. Maman va becquer bobo." Bien des mères se prêtent ainsi au jeu de la bise du bobo dans le souci de rassurer et de consoler leurs bambins victimes d'éraflures. Or, ce geste apparemment anodin, outre qu'il propage des bactéries parfois létales de votre bouche au système sanguin de votre enfant, peut également avoir des impacts psychologiques graves. En lui faisant

croire aux vertus pseudo-thérapeutiques des baisers, vous inculquerez dans l'esprit de votre petit soit des croyances qui le rendront particulièrement vulnérable aux gourous de sectes profiteuses, soit une prédisposition à la promiscuité qui le fera jouer au docteur de manière compulsive et tout à fait malsaine. »

« Des scientifiques ont récemment découvert que les enfants promenés dans une poussette de seconde main courent 48 % plus de risques d'être victimes du trouble de la névrose héréditaire (TNH). Ils hériteraient, en fait, de toutes les névroses accumulées des autres enfants ayant utilisé cette poussette, en plus de celles des mères de ces derniers. Les particules de névrose s'accumuleraient dans les tissus du siège et seraient libérées par la chaleur et le jus de sorbet aux raisins. Pour éviter ce trouble grave qui se termine généralement par des décennies de thérapie cognitive à l'âge adulte, achetez une poussette neuve directement du fabricant, en exigeant un certificat qui confirme que personne ne l'a essayée avant votre enfant. »

« Obliger un enfant à faire son lit le matin semble inoffensif et constitue pour plusieurs une bonne façon d'inculquer des notions d'ordre à son enfant. Mais saviez-vous que les enfants dont les parents utilisent cette méthode disciplinaire courent deux fois plus de risques que les autres de devenir des artistes ratés ? En effet, des experts ont analysé le potentiel créatif de deux individus à la naissance, à l'âge de 10 ans, puis à 50 ans. Ceux dont la mère a exigé qu'ils fassent leur lit très tôt selon une méthode stricte ont vu leur potentiel créatif se flétrir et ont en général opté pour une carrière de commis comptable dans une chaîne de distribution de chaussures orthopédiques, alors que ceux dont la mère a encouragé la libre expression en n'intervenant pas dans leur gestion de la literie sont devenus peintres animaliers dans une proportion avoisinant les 100 %. On explique ces résultats par le fait que les enfants utilisent leurs draps pour exprimer leurs émotions. »

« Les surnoms affectueux que vous donnez à votre tout-petit peuvent se révéler destructeurs pour leur santé, affirme le Dr Cautius Paranno, de Milan. Et certains sont plus dangereux que d'autres. Après avoir étudié le développement de 12 enfants jusqu'à l'âge de 15 ans, Paranno a établi un système de classification des surnoms pour le moins inquiétant. On y découvre que les bébés appelés "ma puce", "mon papillon" ou "ma coccinelle" courent 0,7 % plus de risques que les autres de souffir d'acné précoce. Ceux qui ont grandi en se faisant appeler "poulet" ou "poussin" réussissent moins bien au triathlon, et ceux qu'on a appelés "chaton" ou "lapin" souffrent plus souvent que les autres de poils incarnés. Apparemment, les surnoms les plus inoffensifs sont "mon petit poulpe", "dromadaire chéri" et "tarentule d'amour". »

BÉBÉS RECORDS

Ovulation

« Tout le monde sait que la meilleure manière de ne pas gaspiller de relations sexuelles lorsqu'on veut concevoir un enfant est de bien prévoir le moment de son ovulation. J'ai simplement poussé ma connaissance de mon propre corps un cran plus loin que le font la moyenne des femmes. » Lynn P., 26 ans, du Missouri, a en effet remarqué que chaque fois qu'elle croyait être en période d'ovulation un colibri-abeille venait se poser sur sa main gauche, sautillait en gonflant les plumes de sa gorge et lui offrait quelques insectes en sifflant la symphonie n° 8 de Bruckner. La venue de ses deux premiers enfants a confirmé à Lynn le lien entre la parade du colibri-abeille et son ovulation. Désirant ardemment un troisième rejeton, Lynn regrette que son mari ait été absent pour un voyage d'affaires lors de la visite du colibri ce mois-ci. « Heureusement, nous explique la débrouillarde jeune femme, le facteur passait juste à ce moment-là. »

Sens de l'humour

Un psychologue brésilien rapporte le cas de Cristina D., 4 ans, qui, contrairement à 99,9 % des enfants de son âge, n'a jamais ri en entendant les mots « pipi », « caca », ou encore « pet ». Même ces mots prononcés avec les sons associés (« pssss », « plouc » et « prttt ») ne sont pas arrivés à susciter le moindre rictus de joie sur le visage impassible de la fillette. Inquiets, ses parents l'ont amenée au Dr Novita, qui les a rassurés. « Cristina est une enfant particulière, qui ne semble pas réagir aux stimulus habituels liés à la région urinaire et anale. Cela ne doit pas nous faire oublier qu'elle rit aux éclats lorsqu'on lui lit l'étiquetage nutritionnel sur les emballages de bicarbonate de soude, ce qui nous rassure sur le fait qu'elle possède un sens de l'humour. » Le défi consistera, pour ses parents, à trouver lequel.

PARENTS ! POUR MIEUX COMPRENDRE VOTRE ENFANT :
REVIVEZ VOTRE PHASE ANALE
REVIVEZ VOTRE
PHASE ANALE
AVEC LE DR POOPS
REDÉCOUVREZ CES PLAISIRS OUBLIÉS
• PIPI
• CACA
• PROUT
• POIL
ÉDITION DE LUXE AVEC
ILLUSTRATIONS
SCRATCH N' SNIFF !
ET PLUS ENCORE !
éditions Analisons

Développement psychoaffectif du fœtus

Nous avons réglé plus haut la question de la discipline, mais un enfant bien élevé ne vous suffira pas : pour épater les copines, il vous faut un singe savant. Lorsque vous contemplez votre petit gnome aux mains collantes et au nez dégoulinant, vous voyez un hybride entre Kasparov, Prokofiev, Comaneci (Nadia) et Dion (Céline). Vous voulez voir son portrait imprimé dans le prochain *Robert des noms propres*.

Comment faire de votre fantasme une réalité ?

Tout est une question de timing. Avant même que la goutte d'urine prophétique sur votre test de grossesse ne se soit évaporée, **vous pouvez garantir une longueur d'avance à votre graine de prix Nobel en suivant ces étapes :**

1. Inscrivez l'enfant à naître dans une crèche, de préférence Montessori ou Steiner.

2. Avalez deux capsules de multivitamines Poupexpert BrainComplex MegaPlus.

3. Adoptez la position de yoga dite «de la pintade à roulette», que vous ne quitterez plus pour les huit prochains mois, sauf pour aller faire pipi. Cette position a pour avantage de stimuler le cortex protiploctal de l'embryon, associé à de meilleures performances universitaires transversales.

4. Avertissez votre conjoint que vous êtes enceinte.

À partir de là, oubliez le repos : considérez votre utérus comme une micro-université fœtale dont vous êtes la rectrice.

Votre tâche est monumentale. Vous devez inculquer des notions de physique, de philosophie, de latin, de diction, de bobsleigh, de guitare électrique, de break dance et de salsa à un organisme dont les huit cellules cervicales ne sont pas encore différenciées de celles de son gros orteil.

Réjouissez-vous :

les nouvelles méthodes d'éducation de l'embryon sont scientifiques et révolutionnaires. Nous y avons d'ailleurs contribué : consultez le catalogue *Poupexpert* pour connaître nos nombreux produits et jeux éducatifs pour fœtus. Votre bourse est plus modeste ? Considérez les exercices maison ci-contre, qui ont fait leurs preuves dans l'éducation de nombreux génies.

Exercice 1

Dessinez un tableau périodique des éléments à l'envers sur votre ventre. Chaque fois que le bébé donne un coup de pied, localisez le symbole le plus proche de l'impact et prononcez à voix haute le nom de l'élément.
Variante de l'exercice 1 – Remplacez le tableau périodique par une mappemonde (toujours à l'envers, façon miroir).

Exercice 2

Le fœtus est plus actif pendant la nuit. Mettez ces heures à profit pour améliorer votre mandarin ou votre allemand à voix haute : il est prouvé que l'apprentissage des langues débute dans l'utérus.

Exercice 3

Colorez votre liquide amniotique en mangeant alternativement 1 kg de betteraves, 1 kg de bleuets et une tasse de curcuma. Votre bébé s'amusera à créer ses premières œuvres d'art en agitant ses ébauches de membres.

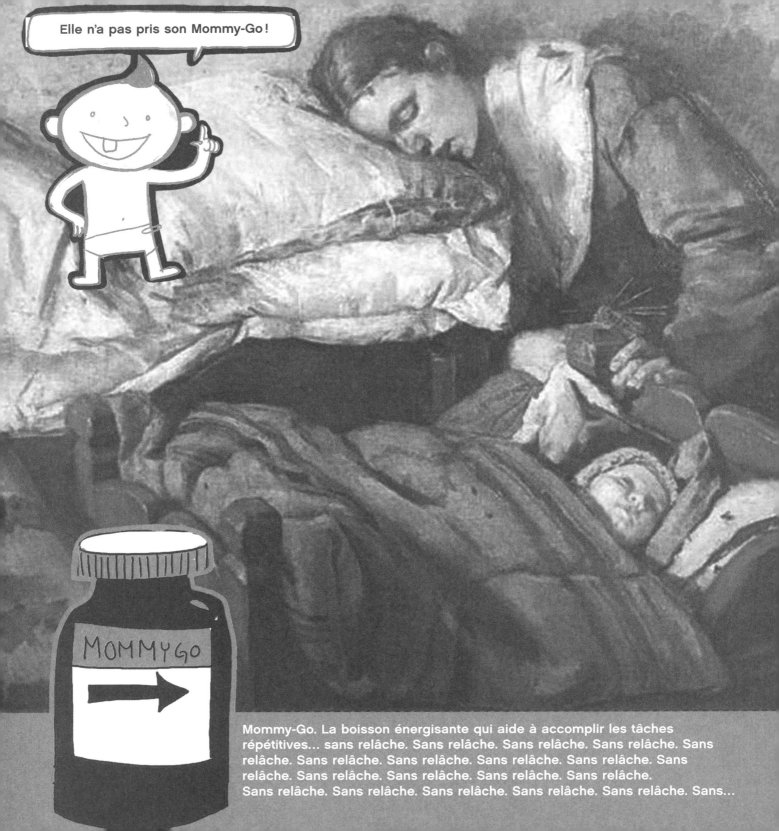

MÈRES D'ALORS

«La nourrice doit éviter les pièces trop occupées. Son esprit doit demeurer calme et lisse, puisque rien ne perturbe le lait autant que la passion et autres émotions violentes de l'esprit. Un tempérament inquiet est très néfaste; gardez cela en tête et, au moment de choisir votre nourrice, favorisez une personne de disposition calme, douce et placide.»

Advice to a Mother on the Management of Her Children, Pye Henry Chavasse. 214, Hagley Road, Edgbaston, Birmingham, juin 1878

«Si les mères veulent bien se souvenir que leurs enfants ne sont pas des poupées, et qu'elles-mêmes ne sont pas des fillettes qui prennent plaisir à les couvrir d'ornements frivoles, elles n'auront besoin d'aucun conseil pour habiller leurs tout-petits.»

Practical Suggestions for Mother and Housewife, Marion Mills Miller, 1910

«Souvenez-vous que le cerveau de l'enfant doit travailler le moins possible pendant ses sept premières années. Imprimez ce conseil dans votre mémoire; ne laissez aucune ambition absurde visant à rendre votre enfant intelligent vous faire déroger de ce précepte.»

Advice to a Mother on the Management of Her Children, Pye Henry Chavasse. 214, Hagley Road, Edgbaston, Birmingham, juin 1878

«Une femme de belle apparence n'est pas simplement une femme bien mise, mais une femme qui, comme une jument prisée, est toujours propre de sa personne et heureuse dans la conscience tranquille qu'elle a de l'être.»

Practical Suggestions for Mother and Housewife, Marion Mills Miller, 1910

les enfants des autres

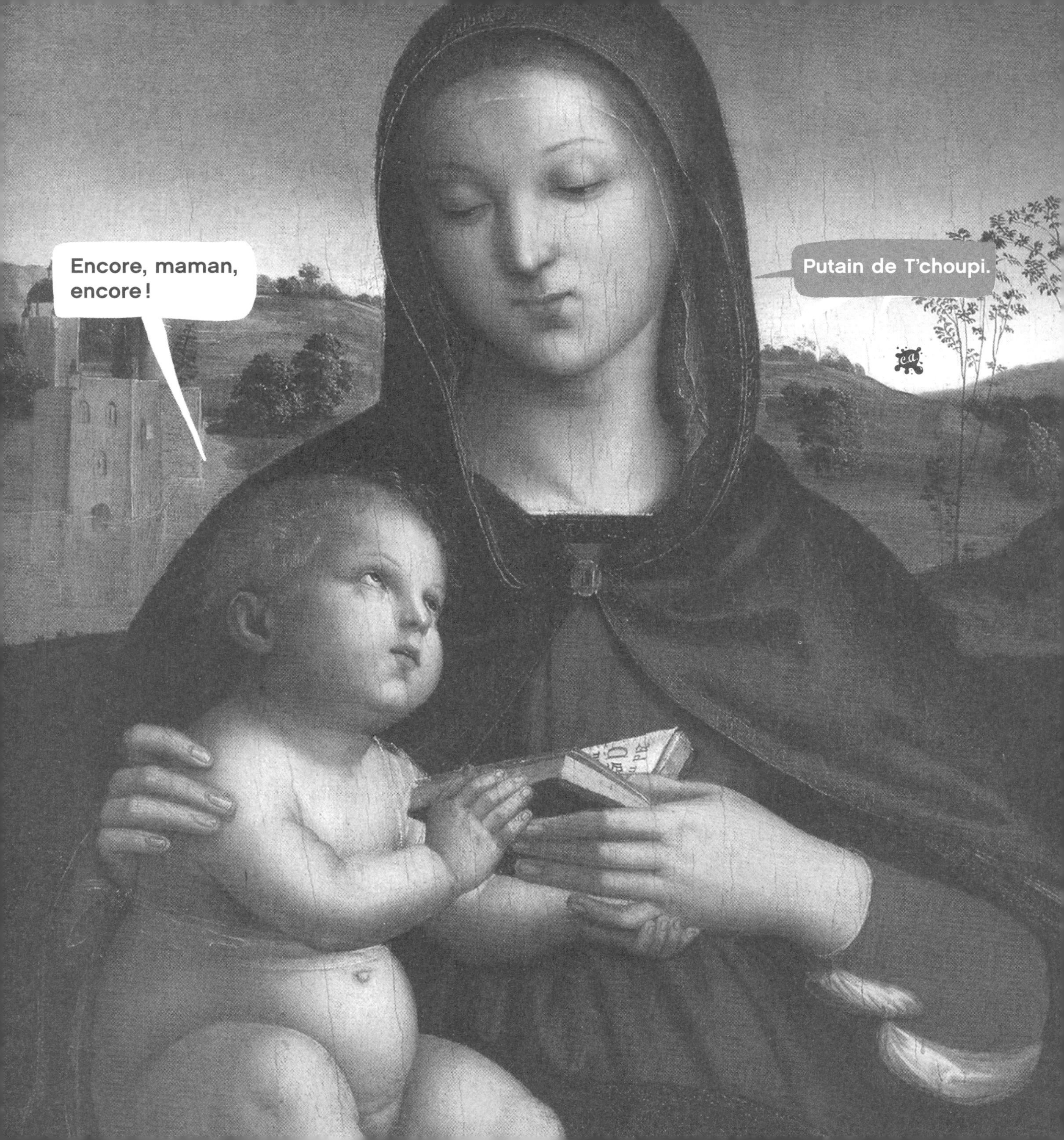
Encore, maman, encore !
Putain de T'choupi.

Les Comptines de Mère Indigne!

Comptine pour apprendre à vos tout-petits à ne pas jouer avec les allumettes

Madame la belette
Trouva des allumettes
«Quelle belle découverte,
Ce jeu extra-chouette!»
Mais sa tête prit feu.
Madame la belette,
Adieu!

Comptine pour apprendre à vos enfants à ne pas manger trop de bonbons

Léon le lionceau
Adorait les bonbons
Des rouges, des verts, des gros
Qu'il dévorait tout rond
Il en avala tant
Que ses dents sont tombées
Notre pauvre Léon
Ne pouvait plus manger!
On lui mit un dentier
De souris. Quelle hérésie!
Et depuis
Léon ne mange plus
Que des gros vers pourris.

Père Noël

En novembre dernier, Fiona H., 83 ans, a eu la peur de sa vie lorsque son fils Patrick, 62 ans, lui a admis avoir des doutes quant à l'existence du Père Noël. «J'ai toujours été à l'affût des signes annonciateurs de catastrophe», nous raconte Fiona, bien installée dans son salon où trônent 61 photos, la première remontant à 1948 et montrant toutes, année après année, Patrick sur les genoux du Père Noël. «Lorsque Patrick est né, j'ai décidé que le moment était bien choisi pour battre le record établi en 1847 par les Barnaby, en Guadeloupe. Leur fille Ramona a cru en l'existence du Père Noël pendant 74 ans. Il y eut des moments extrêmement difficiles où je dus me battre contre la société et mes propres instincts. Mon pari fou a fait en sorte que, à mesure que Patrick vieillissait, je me suis ruinée à lui acheter des cadeaux tous plus insensés les uns que les autres, dont une pyramide et une girafe. Je vis maintenant dans l'indigence la plus honteuse, mais encore quelques années d'efforts et je passerai à la postérité.» Quelques minutes après notre entrevue, lorsque nous lui avons appris que Ramona Barnaby avait en fait cru au Père Noël pendant exactement 74 secondes, on a dû admettre Fiona à l'hôpital pour choc nerveux. Patrick, quant à lui, a mis la santé de sa maman tout en haut de la liste qu'il enverra au pôle Nord cette année.

Allaitement

Bibiana W., une Polonaise de 24 ans, a réussi l'exploit d'allaiter son enfant alors que ce dernier n'était pas encore né. «Je ne veux donner que le meilleur à mon Cyryl, afin qu'il prenne la place qui lui revient dans la vie, et même plus. On sait toutes qu'il faut allaiter le plus longtemps possible, mais je me suis dit, pourquoi ne pas aussi essayer d'allaiter le plus tôt possible?» Bibiana, en mettant au point à l'aide de ses voisines une sonde lui permettant de connecter son lait maternel directement à l'estomac du fœtus, était certaine que son bébé aurait ainsi une longueur d'avance sur les autres enfants. Au moment de la naissance de Cyryl, il était encore impossible d'évaluer les retombées intellectuelles de cet allaitement prénatal, mais tous les témoins ont affirmé que l'enfant semblait en tout cas avoir un pénis plus long que la moyenne.

Le sommeil

Nos mères nous couchaient sur le ventre, nos grands-mères endormaient leur bébé sur le côté, nos grandes sœurs ont cru bon de coucher leur bébé sur le dos : aujourd'hui, nous pouvons rire d'elles à gorge déployée, puisque nous savons qu'elles se fourraient le doigt dans l'œil jusqu'au coude.

La position la plus sécuritaire pour coucher un bébé, selon le Dr Popstein, obstétricien de la Nasa, est dans un angle de 63 degrés par rapport au matelas, la tête vers le bas.

Si le bébé persiste à vouloir dormir allongé, habitude malsaine qui devrait être vigoureusement découragée, on peut le maintenir incliné grâce à un dispositif de poulies et de sangles (le Wonder-Prop, voir notre catalogue) ou encore l'inscrire à des cours de Wonder-Yoga.

Le bébé devrait s'endormir de lui-même, sans tétine, sans biberon, sans se faire bercer, sans couverture, sans pyjama, sans couverture et sans lit, selon le Dr Popstein.

En revanche, il est cruel de le laisser pleurer s'il ne trouve pas le sommeil, renchérit le Dr Kooshplein, poupologue. «Comment s'en sortir, alors?» demandez-vous d'une voix geignarde en vous arrachant les cheveux à pleines poignées. Eh bien, c'est tout simple. La routine du dodo constitue le nerf de la guerre. Voici un exemple de routine du dodo qui viendra à bout du plus hyperactif des moutards.

1. Bain tiède à la lavande et au laudanum.
2. Présentation PowerPoint sur le fonctionnement du Parlement.
3. Lecture de votre contrat de téléphone portable, à voix basse, sur fond de chants grégoriens.

Devriez-vous ou non dormir avec votre enfant?

Sur cette question, les experts s'arrachent mutuellement les yeux. Si vous le faites, vous risquez d'être condamnée à ne plus avoir d'intimité ni de vie sexuelle pour les douze prochaines années (au moins!) et de créer un être dépendant qui craint la solitude. Si vous choisissez de laisser votre enfant dormir seul dans sa chambre, vous serez alors responsable de son anxiété grandissante, de son sentiment d'abandon et de ses cent soixante premières heures de psychothérapie. Le choix est clairement, on le voit bien, une simple question de gros bon sens.

Le rêve

La réalité

BÉBÉ BOUTIQUE 2

Bébé Boutique a comme mission de dénicher les produits les plus haut de gamme et les plus originaux pour Poupon Deluxe et ses richissimes parents. Tout ce qui vous est présenté ici existe et peut être acheté sur le Web (oui, oui ! Demandez à Google).

Bon shopping !

Tapis de jeu Kensington

Tapis de microsuède monogrammé. Parce que le rot de votre bébé mérite l'atterrissage le plus luxueux qui se puisse imaginer.
Prix : 180 $ US

The Baby Fan

Miniventilateur à pales de mousse pour assécher les zones humides du popotin de votre précieux bébé lors des changements de couche. Très pratique quand on a la bouche pleine. Prix : inconnu (malheureusement)

Poussette iBaby

Poussette munie d'un socle pour iPod, d'un adaptateur et de haut-parleurs intégrés au tissu du pare-soleil. Prix : 79 $

discipline

Discipline

L'enfant élevé par une Wonder-Maman est
sage,
propre,
amusant,
ingénieux,
athlétique,
généreux,
intelligent,
créatif,
calme et
confiant.

Si votre enfant ne correspond pas à ces
critères à toute heure de la journée, c'est votre
faute : allez réfléchir dans le coin. Vous pouvez
cependant faire mieux la prochaine fois et
Wonder-Mamans vous y aidera.

Nous avons passé au crible 500 traités
d'éducation de la petite enfance, des années
1800 à aujourd'hui, pour nous rendre compte,
stupéfaits, que pour remplir la tâche de la
mère parfaite il suffit en fin de compte de se
plier à quatre consignes faciles, à la portée
de n'importe quelle nouille.

Pour élever le charmant surdoué qui fera
grincer des dents toutes les autres mères,
vous devez :

1. être à la fois douce et ferme ;
2. être patiente, empathique, compréhensive
   et souriante en tout temps ;
3. être juste, équitable, constante et rationnelle ;
4. fabriquer des tas de calendriers de
   récompenses avec des petits collants
   pour mettre dessus.

Voilà. C'est tout !

Étonnant qu'il reste encore des petites pestes
qui collent leurs crottes de nez sur les
fauteuils de l'éducatrice spécialisée, n'est-ce
pas ? Leur mère se serait épargné bien des
larmes en lisant le chapitre suivant :
Développement psychoaffectif du fœtus
(voir page 50).

Une soudaine chaleur sur sa cuisse, accompagnée d'un parfum caractéristique, rappela de manière foudroyante à Patricia qu'elle n'avait pas encore mis sa couche à Jeanne-Sophie.

BÉBÉS RECORDS

Émotions

Nadine L., de Monte-Carlo, en a étonné plus d'un lorsqu'elle est passée à travers tout le spectre émotionnel de neuf mois de grossesse en seulement une heure, alors qu'elle était enceinte de sept semaines. «Plus tôt aujourd'hui, à 17 h 10, j'ai appris que j'attendais mon premier enfant. À 17 h 22, j'ai eu un questionnement aigu: avais-je fait le bon choix pour mon couple, pour ma carrière? Dès 17 h 24, j'ai vécu pendant quelques secondes la peur atroce de perdre mon enfant, dont je n'arrivais pas à sentir les mouvements intra-utérins. À 17 h 29, je me suis fait un sandwich au beurre d'arachide/mayonnaise/cornichon/crème glacée, et à 17 h 32 j'ai cru que je ne retrouverais jamais mon tour de taille normal. À 17 h 44, j'ai été très frustrée que les gens ne me cèdent pas leur place dans l'autobus.» Deux minutes plus tard, épuisée par les nuits sans sommeil passées entre les envies d'aller aux toilettes et l'incapacité de trouver une position confortable pour dormir, elle a été prise de panique en songeant à la douleur de l'accouchement imminent et finalement, à 18 h 07, elle est passée par trois minutes intenses de dépression post-partum. Mais Nadine nous rassure: «Il est maintenant 18 h 34, et je me sens beaucoup plus détendue, comme si j'étais enceinte de mon quatrième enfant.»

Paroles

Les parents du petit Rémi L., en Belgique, étaient surpris et ravis à la fois d'entendre leur poupon énoncer ses premières phrases complètes à 9 mois à peine. Mais le ravissement a vite cédé la place à la perplexité. «Certes, Rémi s'est immédiatement mis à parler parfaitement, mais ça a été pour débiter les pires banalités que j'ai jamais entendues de ma vie, nous explique Fabien, son père. Je changeais sa couche quand il m'a soudain fait remarquer que "le fond de l'air était frais". Je ne veux pas avoir l'air dur, mais c'est tout de même assez fadasse, comme premières paroles.» Plus tard, au supermarché, des témoins ont raconté avoir entendu le bébé s'exclamer qu'on ne pouvait «plus se fier sur personne» lorsqu'il s'est avéré que sa marque de purée favorite avait été retirée du marché. Sandra, la mère de Rémi, reste tout de même fière des habiletés orales de son fiston, bien qu'elle avoue ressentir un certain malaise en l'entendant murmurer «T'as de beaux yeux, tu sais» juste avant de commencer sa tétée.

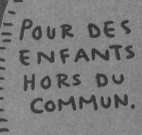

la routine du dodo

BABYJAG ^{md}

QUE LE PLUS CHER POUR VOTRE ENFANT.

Chez BabyJag, nous vous aidons à élever un enfant exigeant.
Un enfant pour qui rien n'est assez bon.
Un enfant qui saura reconnaître la classe d'un siège de poussette
en cachemire biologique, le confort d'une suspension
de Rolls-Royce et la douceur d'un appuie-tête en cuir de ver à soie.

Rendez-vous chez l'un de nos concessionnaires pour discuter des options suivantes :

- **18 porte-tasses**
- **3 chauffe-biberons**
- **Dossier avec points de pression Shiatsu-Plus chauffants**
- **Lecteur MP3 et haut-parleurs intégrés au pare-soleil**
- **Siège éjectable**
- **Système GPS**
- **Prise des signes vitaux automatique toutes les 15 minutes**
- **Détecteur de selles toutes les 10 minutes**

BabyJag. La poussette sur mesure pour l'enfant roi.

LE RÊVE

LA RÉALITÉ

« Dieu merci, songeait Nadine. Plus que quatre mois avant de retourner au boulot. »

MÈRES D'ALORS

« Lors de la sélection d'une nourrice, vous devez vous assurer que les mamelons de cette dernière soient beaux, doux, mais pas trop gros. »

Advice to a Mother on the Management of Her Children, Pye Henry Chavasse. 214, Hagley Road, Edgbaston, Birmingham, juin 1878

« Le mode de vie d'une nourrice devrait ressembler à peu près à ceci : on lui laisse boire du thé noir au déjeuner, avec une ou deux tranches de viande froide seulement si son appétit l'exige. Il est habituel pour une nourrice de manger beaucoup le midi ; je n'approuve pas ce comportement. Si elle se sent faible ou défaillante à onze heures, qu'on la laisse boire un gobelet de porto, ou une bière légère et fraîche dans laquelle elle pourra tremper un bout de tartine grillée. »

Advice to a Mother on the Management of Her Children, Pye Henry Chavasse. 214, Hagley Road, Edgbaston, Birmingham, juin 1878

« Chaque maison devrait contenir un musée, pas tant de curiosités que de spécimens caractéristiques, qu'ils soient géologiques, botaniques, fauniques ou architecturaux : pierres, sols et argile des maisons de campagne, fleurs de différentes plantes et morceaux de bois de différents arbres, peaux d'animaux (la taxidermie est un passe-temps si fascinant pour la jeunesse), œufs et nids d'oiseaux (bien que l'enfant doive apprendre à être un naturaliste et non un pilleur), ainsi que pointes de flèches indiennes et haches en pierre. »

Practical Suggestions for Mother and Housewife, Marion Mills Miller, 1910

« Une mère qui allaite ne doit en aucun cas s'inquiéter. Elle doit oublier ses chagrins et se tourner vers le réconfort qui se trouve au creux de ses bras. Ne savez-vous pas que l'enfant dépérit lorsque la mère se tracasse ? »

The Cloister and the Hearth, Charles Reade, 1861

L'alimentation

Alimenter son enfant correctement demande des trésors d'imagination, de la patience et un doctorat en nutrition. Affichez ces quelques consignes sur votre frigo et révisez-les avant chaque repas.

1. L'ordre d'introduction des solides est d'une importance CAPITALE. Ne pas suivre cet ordre vous expose à de graves dangers dont nous ignorons tout. Il est donc primordial :

   d'introduire les brocolis avant les navets ;

   de présenter les choux après les légumes feuilles mais avant les poivrons, qui eux doivent être servis en même temps que les artichauts mais entre les courges et les rutabagas ;

   de laisser dix jours entre chaque nouveau légume jaune et douze entre chaque légume vert, moins trois pour les légumes rouges, et on retient deux et on soustrait le carré de l'hypoténuse ;

   de ne pas donner de noix avant 45 ans, ou sinon, lorsque l'enfant sait jouer du clavecin.

2. **Attention :** il est important de séparer les légumes par couleur, sans quoi l'enfant risque de devenir daltonien. Tous les aliments de plus de 8 mm de diamètre doivent être coupés en huit dans le sens de la largeur, à l'aide d'un couteau en acier biologique.

3. La mère qui prend à cœur la santé de son enfant s'assurera que chaque repas contient : 18 portions de légumes ainsi que des oméga-3 ; des vitamines A à O et W à Z inclusivement (sauf la vitamine Y, qui cause le snobisme chez les enfants de moins de deux ans) ; des glucides lents ; des antioxydants ; des probiotiques ; des oxylofructifiants ; au moins 10 mg de démulsiflactants thromblophlaxiques.

4. Et surtout, n'oubliez pas : préparer à manger, **c'est d'abord et avant tout un plaisir !**

Bébé et la tétine : comment gérer la première relation amoureuse de votre enfant avec un objet

Ah, la tétine ! Cet instrument tient à la fois du Ciel et de l'Enfer. Certes, elle fait taire votre enfant afin que vous puissiez égoïstement profiter de quelques heures de paix et de sérénité. Mais sitôt que Fiston(ne) a deux ans, son utilisation prolongée vous range dans le camp des mauvais parents qui ruineront la dentition de leur progéniture (lire *F'est pas moi, f'est ma tototte, le calvaire des enfants-tétines*) et/ou lui créeront des carences affectives indélébiles (voir *Jamais sans ma tétine*, un road movie bouleversant qui raconte le périple d'un enfant pour retrouver sa tétine confisquée par un babouin au zoo de Londres).

Alors, doit-on ou non favoriser l'utilisation de la tétine chez notre enfant ? À cette question, je réponds par une autre question : « L'utilisation de la tétine par votre enfant vous permet-elle de terminer votre polar en sirotant un gin tonic ? »

Vous pouvez tirer votre propre conclusion quant au bien-fondé de l'existence de cette huitième merveille du monde qu'est la tétine, et je vous laisse sur ce conseil primordial : NE SOYEZ JAMAIS PRISE AU DÉPOURVU, AYEZ TOUJOURS UNE TÉTINE SOUS LA MAIN.

Et rassurez-vous, en cas de perte ou de vol de tétine, la consigne est très simple : fouillez au fond de vos vieilles bottes d'hiver que vous ne portez plus depuis dix ans. Vous y trouverez à coup sûr une ou plusieurs tétines.

Et si, vraiment, aucune tétine ne se cache dans les coins sombres de votre demeure, vous n'aurez pas le choix. Vous devrez donner à votre enfant votre propre tétine. Et inutile de venir me faire une crise. Car qu'on se le dise : la maternité, c'est un grand sacrifice.

BEAUTÉ LACTÉE

LE SALON DE BEAUTÉ-MATERNITÉ
POUR LA FEMME NÉGLIGÉE.

Comptine pour apprendre aux enfants à surconsommer

La cigale et la fourmi
Habitent mon quartier
La fourmi garde ses sous
Songe à économiser
La cigale, elle, les dépense
Les dépense sans compter!
Juste hier, elle s'est acheté:
Trois voitures
(Une grosse, une petite, une dorée)
Un spa, un sauna, un pékinois, des Prada
Un diamant rose géant
Pour aller avec son flamant
Une serre pour faire pousser ses ananas
(Des ananas bleus, c'est d'un chic)

Un jardin romantique
Une piscine creusée
Avec, au milieu, une île exotique
Un lifting, un spécialiste en golfing,
    une agence de casting
Une robe de mariée
Que Marilyn a portée
En photo-shoot privé
Avec son JFK
Alors...
Qui a plein de camarades
    et se pavane à tous les bals?
LA CIGALE!
Et qui est rétrograde et n'a pas du tout d'amis?
LA FOURMI!

Docteur Fears

Le jeu, c'est sérieux !

Passez-vous assez de temps à jouer avec votre bambin ? Permettez-moi d'en douter. Sur 1000 parents, 999 préfèrent vaquer à des occupations vides de sens pour l'enfant, comme faire la lessive, la cuisine ou le ménage. Et pourtant, le jeu est primordial dans le développement de l'enfant, comme nous le verrons ici.

Les parents d'enfants âgés de 1 à 5 ans devraient jouer à cache-cache avec eux au moins 20 minutes par jour, affirme une étude publiée dans la prestigieuse revue de pédiatrie *The Babyist*. Ceux qui se soustraient à cette routine de base exposent leur progéniture à un avenir sombre : on a découvert que les adultes dont les parents ont négligé leur devoir de jeu mettent trois minutes de plus à trouver leur chemin sur une carte routière, se débrouillent moins bien en plomberie domestique et, fait plus dramatique encore, se voient aux prises avec des touffes de poils dans le nez un an plus tôt que les autres.

Vous détestez jouer à cache-cache ? Faites-le quand même. Et attention, faites-le AVEC ENTRAIN. Car il a aussi été prouvé que les parents qui jouent avec leur enfant sans vraiment s'amuser risquent de voir ce dernier devenir un adulte susceptible et soupe au lait. Vous pouvez également remplacer le jeu de cache-cache par un autre jeu, comme « Je te tiens par la barbichette » ou « Qui est-ce qui l'a, c'est Marie-Stella ». Par contre, prenez garde : tous les jeux n'ont pas la même valeur. Par exemple, pour équivaloir à 20 minutes de cache-cache, vous devrez jouer à « Je te tiens par la barbichette » pendant au moins 40 minutes. Pour tout savoir sur la valeur éducative et cognitive des jeux de développement du bambin, procurez-vous le livre **Je joue intensément avec mon enfant**, du Dr Fears.

Comment moucher bébé

Vous aurez besoin : de solution saline et d'une poire nasale ; de bons bouchons d'oreille ; de deux lutteurs olympiques.

Étape 1 : essayer d'insérer la poire nasale dans le nez du bébé bien immobilisé par les deux lutteurs.

Attention : la tête de bébé peut effectuer jusqu'à vingt rotations complètes par seconde pour l'éviter.

Étape 2 : récupérer bébé derrière la table à langer, la poire nasale sous le lit et les lutteurs, qui en ont profité pour filer.

Étape 3 : soignez les plaies des lutteurs et les vôtres, le cas échéant.

Étape 4 : rassurer les pompiers, les policiers et les voisins alertés par les hurlements inhumains du bébé.

Étape 5 : reprendre les quatre premières étapes pour l'autre narine.

Wonder-Maman et le manque de sommeil

Les nuits constamment interrompues par l'allaitement vous pèsent? Votre bébé boit aux heures, pendant une heure, toutes les nuits? La phase de sommeil profond n'est plus pour vous qu'un lointain souvenir? Prenez exemple sur la Wonder-Maman, qui garde les joues roses et le teint frais d'une jeune fille prépubère tout au long de son congé de maternité.

Comment s'y prend-elle?

Tout est une question d'attitude. Pendant que vous rechignez à vous lever à deux heures du matin pour la huitième fois de la nuit, Wonder-Maman, elle, le fait avec le sourire. En fait, Wonder-Maman adore se lever au milieu de la nuit pour prendre soin de son poupon chéri. Au moindre gémissement, elle saute allègrement en bas de son lit, sachant que ces précieux moments nocturnes avec bébé seront de l'histoire ancienne d'ici quelques années.

On peut même affirmer que Wonder-Maman DÉTESTE dormir plus d'une heure à la fois, car chaque minute supplémentaire la prive d'un contact privilégié favorisant l'attachement avec son rejeton. Et l'attachement, nous le savons, est la pierre angulaire du développement cérébral des futurs génies.

De plus, l'allaitement procure à Wonder-Maman un plaisir sensuel qu'aucune drogue ne pourrait simuler. Wonder-Bébé prend le sein comme un professionnel et tète efficacement, cinq minutes par sein très exactement, après quoi il fait un rot propre et sec dans les dix secondes avant de se rendormir instantanément. Wonder-Maman, extatique, hésite à ne pas le réveiller pour prolonger un peu ce doux moment...

D'ailleurs, cet article est inutile, puisque Wonder-Bébé fait ses nuits trois jours après la naissance. Wonder-Maman, un modèle pour nous toutes!

BÉBÉ BOUTIQUE 3

Bébé Boutique a comme mission de dénicher les produits les plus haut de gamme et les plus originaux pour Poupon Deluxe et ses richissimes parents. Tout ce qui vous est présenté ici existe et peut être acheté sur le Web (oui, oui! Demandez à Google).

Bon shopping!

Le système d'éducation prénatale BabyPlus

Système audio qui faitentendre au fœtus différents rythmes cardiaques pour lui apprendre à reconnaître ceux de sa mère. Le fabricant affirme que les enfants ayant profité de cette technologie incroyable boivent mieux au sein, sont plus heureux, plus intelligents, plus calmes, plus rapides dans leur développement cognitif, plus indépendants et plus curieux. Oui, madame! Prix: 149 $ US

Analyseur de pleurs de bébé WhyCry Baby Crying Analyzer

Ce dispositif enregistre les pleurs de bébé et vous en indique la cause. Prix : 119,95 $ US

Le Babykeeper de Mommysentials

Siège pour bébé de type « porte-bébé » qui s'accroche aux murs des toilettes, vous libérant ainsi les mains pour vous permettre de vaquer à vos occupations hygiéniques. Prix : 35 $ US

Sitôt qu'il eut posé sa question, Gary comprit au regard meurtrier de Lison que c'était une bonne chose qu'il soit le seul à tenir un bâton entre les mains.

JEU ÉDUCATIF

Trouvez et encerclez les objets qui présentent un danger
pour le jeune enfant.

a)
b)
c)
d)
e)
f)
g)
h)
i)

RÉPONSES

a) Danger d'accoutumance.

b) Tous les maux de la société viennent du biberon!

c) Vous êtes nulle en cuisine: danger de dégoût.

d) Danger: style incompatible avec la couette «Winnie l'Ourson».

e) Danger de transfert émotif vers un objet.

f) Danger auditif.

g) Danger pour l'estime de soi de votre fille si elle n'est pas blonde et mince.

h) Danger de carie dentaire.

i) Danger d'éloignement. Le porte-bébé est indispensable de 0 à 5 ans.

Morale: TOUT est dangereux. Bonne visite chez le psy!

97

porte - bébé

sortie entre mamans

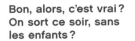

Bon, alors, c'est vrai? On sort ce soir, sans les enfants?	Oui, oui, j'y serai... Je suis tellement excitée!	Moi aussi, ça marche. Olivier gardera le petit!

SALUUUUUUUUUUUT

LES FiiiiiiiLLES!

SUPER!

AU BOUCHON MUQU...

BAR / BISTRO

Je ne peux pas le croire! Enfin liiiibres!	Enfin, on va pouvoir parler entre adultes!

103

Wonder Maman

CUISINE AVEC BÉBÉ !

Elle inclut les
4 groupes
alimentaires!

Elle n'utilise que
des ingrédients bio!

Elle ne se plaint
pas des dégâts!

BRAVO,
WONDER-MAMAN!

Cuisiner avec bébé

Cuisiner avec un jeune enfant est une expérience sublime. Combien de mères se privent de ce plaisir simple sous prétexte qu'elles n'ont que douze minutes pour concocter un repas pour toute la famille tout en supervisant les devoirs de Brigitte et en ramassant les crayons de cire de Martine, lesquels, accidentellement, se sont retrouvés dans l'élément de la cuisinière et y ont fondu !

Et pourtant, préparer un repas avec un poupon ne prendra en tout et pour tout que deux ou trois petites heures, plus une pour mettre hors de portée les hachoirs, poisons et lames de toutes sortes, une autre pour éponger la sauce tomate que bébé aura renversée dans le clavier d'ordinateur, et enfin une dernière, peut-être, pour récupérer le pois chiche qu'il s'est enfoncé dans la narine droite.

Et que de bonheur entre-temps !

Moi-même, lorsque je cuisine avec Victoire, deux ans, j'éprouve souvent tant d'émotion que les voisins viennent me demander la cause des cris d'allégresse provenant de ma cuisine. Et comme Victoire adore ces séances, j'en profite pour lui inculquer les 455 principes de chimie nécessaires pour préparer un repas nutritif favorisant le développement optimal du cerveau. À deux ans, elle différencie déjà trois types d'acides aminés à longue chaîne et sait les intégrer savoureusement aux oligo-éléments que nous faisons pousser ensemble dans notre potager biologique.

Cuisiner avec bébé : une expérience magique qui laissera des traces indélébiles dans la mémoire de votre enfant (et sur vos vêtements).

À la cuisine, bébé peut être d'une aide inestimable.
Mettez-le à l'ouvrage en lui confiant des tâches simples, comme :

• badigeonner de jaune d'œuf ses vêtements et les interstices de sa chaise haute ;
• lancer par terre des poignées de riz ;
• décorer votre chemisier de jolies taches de curcuma, de jus de betterave ou de framboises.

dossier fuites

Après l'accouchement, plusieurs d'entre vous se trouveront aux prises avec un problème de fuites urinaires qui dureront entre une semaine et le reste de leur vie. Les éternuements, les éclats de rire soudains et les sursauts en tout genre deviendront vos ennemis jurés, et les protège-dessous votre fidèle armure.
Voici quelques trucs pour limiter les dégâts en cas de crise.

Comment faire cesser les fuites en deux étapes faciles :

1. croisez les jambes,

penchez-vous.

2.

Comment le faire discrètement ?

a) Feignez d'avoir un bonbon collé à votre semelle de chaussure.

b) Feignez de vous intéresser intensément à un détail sur le sol.

c) Feignez d'avoir soudainement une envie folle de danser le twist. Avec un peu de chance, tout le monde vous suivra !

Ne mettez pas la variété au menu

On dit qu'il est bénéfique de mettre chaque jour votre bambin devant un choix de fruits et de légumes variés; cela l'encouragerait à développer son goût en choisissant librement comment il comblera ses besoins en vitamines et minéraux. Grave erreur. Permettre à un enfant de «décider» instille chez lui une insécurité profonde devant l'obligation de déterminer lui-même, à un si bas âge, ce qui est «bon pour lui». Dans 82 % des cas, cette insécurité se traduira par des résultats catastrophiques aux tests de connaissances générales ainsi que par une mauvaise haleine chronique. Dans quelques cas, on recense même une incapacité persistante à épargner pour la retraite.

Ne remettez donc pas votre propre responsabilité maternelle sur les épaules d'un être fragile dont le besoin premier est d'être dirigé avec fermeté sur la voie de la sustentation adéquate. Le Dr Fears suggère l'alternance dans un régime de tyrannie bienveillante. La première année, votre enfant mangera des carottes et des pommes; la seconde, des brocolis et des poires, et ainsi de suite. Le Dr Fears vous encourage fortement à vous procurer son ouvrage L'alimentation par l'oppression, qui contient mille et un trucs pour gérer l'estomac de votre enfant sans vous donner de maux de ventre.

NOLACTA.

Parce que quand c'est fini, c'est fini.

Nolacta : le corset de sevrage à armatures d'acier qui viendra à bout du plus tenace des bébés.

Se plaindre le ventre plein

MAMA-GYM

Bienvenue au Mama-Gym, un club de sport conçu pour aider la nouvelle maman à garder la forme dans un décor familier. Adapté aux besoins des mères, le programme d'entraînement Mama-Gym vous fournit un équipement et des exercices qui imitent les gestes que vous faites à la maison pour maximiser votre performance domestique tout en définissant votre silhouette !

Inscrivez-vous MAINTENANT !

LES EXERCICES PROPOSÉS:

Le lever du panier à lessive (5 à 45 kilos)
La course à quatre pattes derrière une cible mouvante
La course à quatre pattes avancée (avec couche et lingette à la main, sous la table)
La marche avec poids de 10 kilos accroché au pantalon
La course à obstacles avec poids de 10 kilos sous chaque bras
Le lever du poids de 15 kilos en gesticulant et en hurlant avec un sac d'emplettes sous le bras

Nos entraîneurs se feront un plaisir de vous conseiller d'autres exercices répétitifs et de critiquer chacun de vos mouvements dans une ambiance bienveillante.

LE RÊVE

LA RÉALITÉ

BÉBÉS RECORDS

Exercices

Peter et Sue T., du comté de Coos au New Hampshire, ont provoqué joie et admiration chez les internautes en diffusant sur le Web les vidéos de leurs séances d'exercices avec leur fils de 4 mois, Travis. Ce dernier a commencé à se retourner du dos au ventre dès l'âge de 3 semaines. Voyant cela, ses parents l'ont encouragé à développer ses habiletés physiques et, aujourd'hui, Travis arrive à se mettre debout en s'agrippant à une patte de table. Une manœuvre d'escalade compliquée lui permet de se hisser sur la table, après quoi il prend une position d'appui renversé sur les mains et exécute un triple salto arrière avant d'atterrir en roulade sur son tapis-alphabet. «Bravo, Travis!» s'exclame invariablement Peter, tandis que Sue nettoie la table avec un chiffon humide.

Moyenne

C'est le Dr Guy Laguiolle, médecin français, qui a rapporté aux médias le cas extraordinaire de Gaëlle L., 6 ans. Cette dernière a réussi l'exploit ahurissant de toujours respecter au kilogramme et au millimètre près le percentile moyen de la courbe de croissance moyenne de l'Occidental moyen. «Il est très rare que des enfants se situent exactement au 50e percentile ne serait-ce qu'une fois dans leur vie. Ce que la petite, pardon, la moyenne Gaëlle a accompli en demeurant exactement normale est vraiment hors du commun. Cela montre bien que le corps humain est capable d'accomplir des miracles.» Ses parents sont ravis et espèrent qu'elle continuera sa vie dans cette bonne voie, en ne dépassant pas 100 de quotient intellectuel, en se mariant à 27,6 ans et en ayant 1,3 enfant.

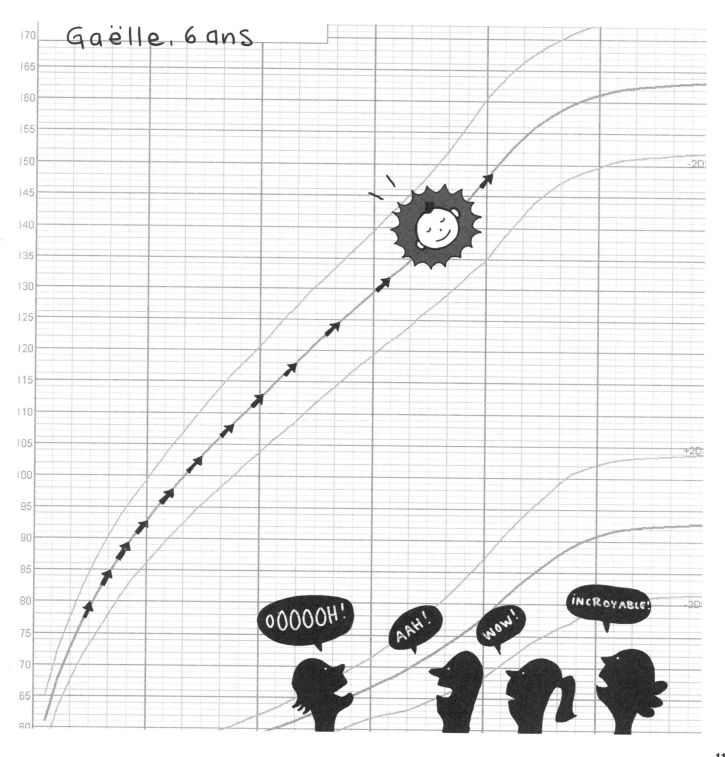

JEU ÉDUCATIF

La phase des «pourquoi» peut venir à bout de la mère la plus résistante. Pour y survivre, entraînez-vous dès maintenant à trouver des réponses aux questions les plus embêtantes.

Pourquoi je suis moi?
Pourquoi Nicole est grosse?
Pourquoi Papa dort sur le sofa?
Pourquoi toi aussi tu portes une couche?
Pourquoi on a deux fesses?
Pourquoi les chiens se sentent le derrière?
Pourquoi tu es toujours sur ton ordi?
Pourquoi Tonton a un gros nez?
Pourquoi tu bois du vin et moi je peux pas?
Pourquoi on pète?

N'oubliez pas qu'après chaque réponse que vous donnerez suivra un deuxième «pourquoi», puis un troisième, puis un quatrième...

BÉBÉS RECORDS

Psycho tics

Beaucoup de jeunes enfants rêvent de devenir pompiers, vendeurs de crème glacée ou éleveurs de vaches, pour finir dans la disgrâce comme notaires ou vedettes de téléréalité. Mais déjà, à deux ans et demi, le petit Xavier F. a une idée réaliste et bien arrêtée de son futur métier: psychologue. Ses parents bénéficient d'ailleurs déjà de ses conseils avisés. Sa mère, Céline, avoue avoir cessé d'essuyer le visage de Xavier quinze fois par repas depuis que celui-ci a diagnostiqué son « ossession compussion ». Son père, François, a lui aussi admis que Xavier avait raison de voir dans sa manie de cacher ses chaussettes sous les coussins du divan un symptôme de sa « peuh de l'engazement ». Malgré tout, Xavier reste un enfant normal qui fait des crises lorsqu'on ne lui donne pas les bonbons qu'il convoite. Mais dès qu'il a séché ses larmes, il est le premier à admettre qu'il n'aurait pas dû laisser toute la place à son « enfant inté'ieur ».

Casse-tête

Oliver B., 3 ans, de Lexington en Angleterre, est un petit garçon qui adore les casse-têtes. Ce n'est cependant pas ce que ses parents ont cru au début. « Oliver retournait toutes les pièces à l'envers, comme s'il ne supportait pas les illustrations de petits chatons ou de camions de pompiers. Nous étions très inquiets. » Mais Barbara et Frank B. ont vite été rassurés. « Oliver trouvait que faire les casse-têtes en regardant l'image était trop facile. Il a donc décidé de les faire à l'envers, question d'affronter un plus grand défi. » Oliver est vite passé du casse-tête 4 morceaux « Les fruits que j'aime » à une œuvre de 5 000 pièces illustrant la beauté de Neuschwanstein et ses environs. « Nous avons toujours rêvé de visiter Neuschwanstein, nous avoue Barbara. Dommage qu'on ne puisse même pas voir l'image. »

NOUVEAU
La collection mini-monochromes
PUZZLES
3 ans et plus
UN PRODUIT
Baby Archimède
PUZZLE
5000
pièces
non toxiques
mâchouillables
"White on white" de Malevitch
mise en garde:
contient des petites pièces

À LA HALTE-ALLAITEMENT

C'est chiant, je n'arrive pas à me débarrasser de ce ventre!

Zut! Je ne peux pas changer la couche de Zoé, les filles verront que j'utilise des couches jetables...

J'ai acheté le JoyRide 3000, le Bébé Koala et le Momfusion, et Aglaé les déteste tous...

C'est le Baby-Opossum qu'il te faut. Il est PAR-FAIT.

J'ai les seins tellement gercés que Micha boit plus de sang que de lait...

Y'a que du bon là-dedans. Le sang, c'est plein de fer...

Je n'en peux plus d'allaiter jour et nuit... je pense à arrêter...

HOROSCOPE

Bélier

Votre petit Bélier sera doté d'un tempérament très familial et éprouvera pour ses proches une chaleur et un amour qui ne se démentiront jamais. Cela signifie qu'il sera impossible de lui trouver une nounou dont il ne tentera pas d'arracher les cheveux et les yeux, et que ses années à la crèche se dérouleront dans un climat de haine mutuelle entre lui, ses petits camarades et les éducatrices. Les diverses mascottes costumées qui tenteront de l'amadouer dans des fêtes foraines le feront à leurs risques et périls. Vous ne serez pas à l'abri des poursuites judiciaires.

Taureau

Peu importe la méthode que vous choisirez d'employer pour le faire dormir plus de quatre heures d'affilée, votre bébé ne fera pas ses nuits avant l'âge de cinq ans et deux mois. Ses réveils seront toujours brutaux et sonores, transformant ainsi votre existence en véritable cauchemar. Vous ne survivrez à ce traitement que pour traverser ensuite la période atroce de son adolescence, faite de reproches et de hauts cris, qui s'étendra de huit à vingt et un ans. Il est rare que les planètes se prononcent directement, mais dans ce cas précis, elles vous font dire qu'elles n'aimeraient pas être à votre place.

Gémeaux

Ah, ces chers petits Gémeaux! Dotés d'une double personnalité bien divertissante, ils vous assureront: «Ce n'est pas moi qui ai brisé le vase Ming» et seront persuadés qu'ils vous disent la vérité. Au restaurant, ils demanderont une glace au chocolat et pleureront en la recevant, soulignant qu'ils exècrent le chocolat et préfèrent la glace à la fraise. Les étoiles vous suggèrent d'attendre avant de lui acheter son coûteux équipement de parachutisme acrobatique.

HOROSCOPE

Cancer

Votre enfant est créatif, enjoué, d'un tempérament artistique marqué et, très tôt, il démontrera un talent exceptionnel pour fabriquer des sculptures de grande envergure avec des cure-dents. Cependant, vous insisterez pour l'inscrire tout au long de sa jeunesse dans des camps d'été à vocation sportive ou scientifique. Il parviendra néanmoins à se conformer à la voie que les étoiles avaient tracée pour lui et deviendra célèbre pour des représentations sculpturales gigantesques mais très ressemblantes de ses douillets parents obligés de passer leurs vacances d'été dans un camping délabré et insalubre.

Lion

Né sous le signe du roi des animaux, votre enfant possédera une chevelure exceptionnellement luxuriante. S'il s'agit d'une fille, vous passerez ses douze premières années à vous battre avec elle chaque matin pour les lui démêler. Puisque votre Lionne possédera aussi un caractère indocile et rebelle, elle se fera raser complètement la tignasse à treize ans en répliquant à vos protestations éplorées que «vous l'avez bien cherché» et qu'elle n'a «pas demandé à venir au monde». Si toutefois vous accouchez d'un garçon, vous lui ferez raser complètement la tignasse dès qu'il aura cinq ans, avec sa totale approbation, et on n'en parlera plus.

Vierge

D'une intelligence anormale, votre nourrisson ne saura se contenter de faire ses dents sur de ridicules petits livres cartonnés aux dessins stupidement colorés représentant des fruits perfectionnés aux OGM et des petits chats détruisant une pelote de laine. Un exemplaire de la *Critique de la raison pure* (dans la collection «Bibliothèque de la Pléiade») constitue un minimum afin qu'il sente qu'on le laisse percer ses incisives dans l'atmosphère de respect intellectuel qu'il mérite.

HOROSCOPE

Balance

Foncièrement conservateur, le petit Balance résistera sauvagement à toute forme de changement et d'évolution. L'introduction des solides, l'apprentissage de la propreté et le passage du tricycle au vélo feront l'objet de guerres sans merci. Vous craindrez de voir votre enfant devenir un adulte qui marche à quatre pattes et ne mange que de la purée d'avoine, mais ne vous en faites pas : à l'école, il rencontrera des camarades inspirants qui l'aideront à mettre sur pied un comité de protestation contre la théorie évolutionniste, épousera une charmante institutrice de campagne et vous donnera dix-huit petits-enfants propres et polis qui deviendront tous ministres et vous assureront des vieux jours confortables dans une routine immuable.

Scorpion

Le Scorpion ignorera tout du danger et prendra à la lettre les enseignements de son gourou, Spiderman. À dix-huit mois, il fera du vélo sans petites roues ; à trois ans, il passera avec succès l'épreuve de Formule 1 de votre municipalité ; et à sept ans, il vous quittera pour escalader le K2 dans l'espoir d'amasser des fonds pour s'acheter la figurine Jackie Chan grandeur nature dont il rêve depuis toujours. Votre cœur de mère souffrira les pires angoisses jusqu'à ce que votre rejeton se foule le petit orteil en balayant sa chambre : le traumatisme de cet événement le poussera à remiser ses ardeurs de cascadeur pour de bon. Il deviendra un bedonnant actuaire et ne s'éloignera jamais de plus de douze kilomètres du giron familial.

Sagittaire

Dès la naissance, votre petit Sagittaire se démarquera des autres poupons par ses talents d'acteur. D'une théâtralité époustouflante, ses moindres pleurs attireront des foules de curieux partout où vous irez. Vers l'âge de un an, il signalera son insatisfaction en se jetant par terre, en gesticulant comme un électrocuté et en poussant des râles d'agonie des plus convaincants. Plus tard, à six ans, son enseignant le punira pour avoir parlé en classe et le petit feindra de s'empoisonner en buvant sa colle et en récitant « La vie est une ombre qui marche, un pauvre acteur qui se pavane et se trémousse une heure en scène, puis qu'on cesse d'entendre » (*Macbeth*, Shakespeare), se faisant ainsi remarquer par le professeur de théâtre, qui le guidera vers les sommets de la gloire.

Il a les traits de sa mère, mais c'est fou comme il prend parfois des airs de son papa.

HOROSCOPE

Capricorne

Fier et ambitieux, votre bébé Capricorne naît avec un plan de carrière bien défini et ne s'éloignera pas de sa voie d'un iota jusqu'à l'âge de la retraite. Rigoureux et méthodique, il écarte dédaigneusement tous les jouets susceptibles de détourner son attention. Il affectionne généralement les bouliers, les compas (au bout arrondi) et gérera mieux que vous l'agenda familial si vous le laissez y gribouiller avec un crayon de cire. À la crèche et à l'école, il se dirigera spontanément vers les petits camarades susceptibles d'embrasser une profession prestigieuse et organisera avec eux divers comités, réunions et conseils d'administration. Cadeaux appréciés à la naissance : compte en banque L'Exécutif, BlackBerry et boîte à cigares en platine.

Verseau

Le natif du Verseau est pourvu d'une sensibilité particulière à la technologie. Vous le verrez rapidement, à l'hôpital, installer lui-même son dispositif d'aide à l'allaitement (DAA), et il prendra plaisir à inscrire la progression de sa courbe de croissance avec la souris d'ordinateur. À l'âge de deux ans, il démontera sa voiturette Winnie l'ourson et y ajoutera un système GPS, un lecteur DVD et le logiciel d'entraînement au pilotage d'aéronefs de la Nasa. À l'adolescence, il déjouera sans problème les dispositifs de surveillance parentale que vous aurez naïvement installés sur votre ordinateur et, après avoir vu le film *Weird Science*, il se créera lui-même un partenaire de vie virtuel avec lequel il se téléportera sur la planète X56hn8, d'où il vous enverra périodiquement des cartes postales holographiques.

Poissons

De nature tendre, délicate et fleur bleue, votre petit Poissons a tendance à ravaler ses frustrations et à les régurgiter plusieurs fois par jour sous forme de vomi explosif. Bien entendu, vous garderez le sourire en tout temps pour éviter de brutaliser davantage votre petite bête blessée. Heureusement, votre poissounet adore l'eau et vous n'aurez aucune difficulté à lui faire prendre un bain, à condition que ce soit avec ses amis les dauphins.

BERCE·JUMEAUX

**S'adapte aux chiens
de 30 kg et plus**

P.O. Box 7082072

CÔNE de SILENCE

Parlez au téléphone en paix !

MAAMAAAN REG REGARDE-MOI HÉ MAMAN DIS MAAM

**Le cône absorbe les bruits ambiants
et vous permet d'entendre votre
interlocuteur.**

P.O. Box 760723

LOGICIEL D'INTERPRÉTATION

Pour instructions de sièges d'auto

**Traduit les instructions en langage
simple et compréhensible !**

P.O. Box 5173821

AGENCE LOCA·KIDS

Location de bébés

**Vous prévoyez faire des enfants ?
Louez-en un d'abord pour évaluer
vos capacités parentales.**

P.O. Box 8613031

CiTRO·KiDZ

①

Donne-moi un bonbon tout de suite !

②

Gagk !

Psht !

**Le collier pulvérise un jet
de citronnelle dans les yeux
des enfants malpolis.
Efficacité garantie
ou argent remis.**

P.O. Box 3707654

CHAUSSETTES POUR BÉBÉS

PRÉ-DÉPAREILLÉES

**Ne vous cassez plus la tête à
essayer d'agencer vos paires.**

P.O. Box 7613701

**Visière
pare-pipi
en jet**

**Tablier
pare-caca
débordant**

P.O. Box 457673

AMPLI-ROT

BEUL

Assurez-vous de bien entendre le rot
de bébé tout en le valorisant dans ses
premières formes d'expression orale !

P.O. Box 2658876

LAVE-BÉBÉ AUTOMATIQUE

Programmable, trois cycles (délicat,
normal et perma-press). Remplace
avantageusement les couches !

P.O. Box 3678740

BÉBÉ-RACK

Gardez votre bébé
en sécurité
à 30 cm du sol,
hors de portée
des objets fragiles
ou dangereux.

P.O. Box 398786

NOUVEAU

LINGETTES PARFUMÉES

CHANEL #5

CHUGGIES LINGETTES

CHANEL n° 5

Pour les petites fesses de luxe

P.O. Box 3998744

Merci à

Claire Michel-Guay
Clothilde Richer
Hélène
Marie-Ève Morin
Maman Pieuvre
Olivier Bruel
François-B. Tremblay
Syven

pour leur idées.

Élise Gravel, auteure et illustratrice jeunesse, a élevé son premier enfant en suivant tous les conseils d'experts offerts dans ses 38 guides de la maternité, en répertoriant religieusement les gains de poids du bébé sur sa courbe de croissance, en introduisant les solides dans l'ordre et en n'oubliant JAMAIS l'écran solaire ni la vitamine D. À sa deuxième grossesse, elle s'est juré qu'elle ne répéterait pas cette erreur. Grand bien lui fit, car elle, son couple et ses enfants ont survécu sans trop de souffrances à son deuxième congé de maternité. Bercée par *Les chroniques d'une mère indigne*, qui l'ont aidée à se débarrasser de huit de ses douze niveaux de culpabilité maternelle, Élise a accepté de s'éloigner de quelques crans de la Perfection. Après avoir servi une sentence de huit mois de prison pour avoir mangé deux fois du sushi pendant sa grossesse, Élise a eu l'idée de ce livre, qui se veut une parodie des guides de maternité et de leurs conseils innombrables, impossibles et souvent contradictoires. À sa grande joie, Caroline Allard a accepté de contribuer à ce projet, qu'elles ont coécrit dans l'harmonie la plus chaotique.

En dehors de ses tâches maternelles, Élise écrit des tas de livres qu'elle illustre, mange trop de fromage et prend plaisir à écrire des autobiographies à la troisième personne pour se donner des airs importants.

www.elisegravel.com

La vie littéraire de Caroline Allard se résume en trois étapes : 1) elle a d'abord réjoui ses amies du secondaire par ses poèmes drôles mais cruels au sujet de leurs petits copains ridicules ; 2) à la fin de la vingtaine, elle a écrit de courts récits de science-fiction et d'horreur qui ont connu un succès confidentiel mais vif sur Internet, dans des magazines tous mystérieusement disparus aujourd'hui ; 3) en 2006, elle a fini par comprendre que son style se situait aux confluents de l'humour, du cruel et de l'horreur absolue. *Les chroniques d'une mère indigne* ont donc vu le jour, d'abord sur la blogosphère avant d'être publiées aux Éditions du Septentrion et présentées sous la forme d'une websérie à Radio-Canada. Puis, un jour, dans un bel élan karmique, Élise Gravel lui a proposé de faire équipe avec elle afin de s'aventurer encore plus avant dans les profondeurs douloureuses de la psyché maternelle. Le sourire aux lèvres et la bave au coin de la bouche, Caroline a accepté, se doutant bien qu'elle se verrait obligée d'abandonner mari et enfants pendant plusieurs week-ends – « afin de ne pas remettre mes textes en retard à Élise, mes chéris » –, et terminant bien souvent ces séances de travail intensives par un gin tonic sur une terrasse.

Parce qu'écrire, mes amis, ça donne soif.

www.trashindigne.blogspot.com